CM1 • CM2 9/11 ans

Mieux comprendre
les fractions et les
nombres décimaux

**Comparer, additionner, soustraire et multiplier
des fractions ou des nombres décimaux.**

Albert Cohen
Professeur des Écoles,
maître formateur associé
à l'IUFM de Versailles

Jean Roullier
Professeur des Écoles,
maître formateur associé
à l'IUFM de Versailles

Hatier

INTÉRIEUR : Maquette : Pictorus. Mise en page : Facompo.
ILLUSTRATIONS : Bruno Conquet et Guillaume Trannoy.
ÉCRITURE CURSIVE : Lou Lecacheur.
ÉDITION : Blandine Renard.

Sommaire

Les fractions : écrire, nommer .... p. 4

Les fractions : simplifier .... p. 6

Les fractions : comparer .... p. 8

Les fractions décimales (1) .... p. 10

Les fractions décimales (2) .... p. 12

Les nombres décimaux .... p. 14

Additionner des décimaux .... p. 16

Additionner entiers et décimaux .... p. 18

Soustraire des décimaux .... p. 20

Soustraire entiers et décimaux .... p. 22

Multiplier un entier et un décimal .... p. 24

Multiplier deux nombres décimaux .... p. 26

Tableau d'évaluation .... p. 28

● *Corrigés à détacher, au centre du cahier*

Les fractions : écrire, nommer

Observe la règle

$\dfrac{4}{5}$ est **une fraction**.

Tu dis : quatre cinquièmes.

Tu **obtiens une fraction** en divisant une unité, un objet, une longueur…
en un certain nombre de parts égales entre elles.

4 est **le numérateur** de la fraction et **5** est **le dénominateur** de la fraction.
Le numérateur correspond au nombre de parts, le dénominateur représente
le nombre de parts du partage.

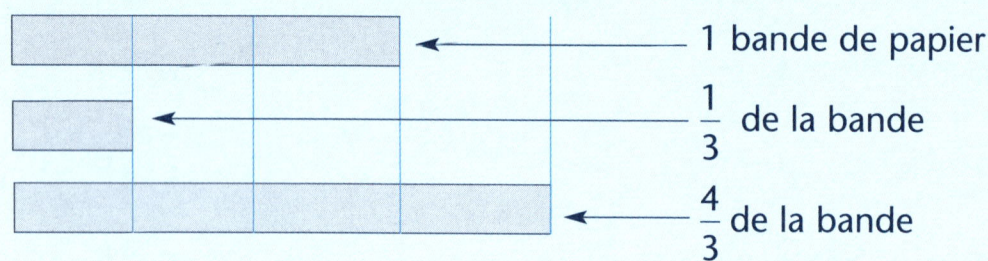

1 bande de papier

$\dfrac{1}{3}$ de la bande

$\dfrac{4}{3}$ de la bande

Pour **nommer les fractions**, tu utilises les mots :

$\dfrac{1}{2}$ un demi $\dfrac{1}{3}$ un tiers $\dfrac{1}{4}$ un quart $\dfrac{1}{5}$ un cinquième $\dfrac{1}{6}$ un sixième

N'oublie pas : quand le numérateur est égal au dénominateur, la fraction vaut **1**.

1 **Écris chaque fraction à côté de sa représentation graphique.**

$\dfrac{1}{2}$ $\dfrac{2}{3}$ $\dfrac{2}{5}$ $\dfrac{3}{7}$ $\dfrac{3}{8}$ $\dfrac{3}{10}$ $\dfrac{1}{2}$

a) ....

b) ....   c) ....   d) ....

e) ....

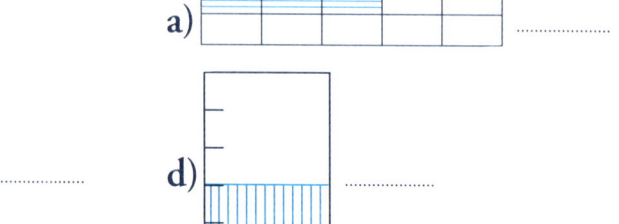

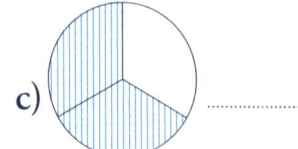

2 **Nomme ces fractions.**

$\dfrac{1}{3}$ *un tiers* ....

$\dfrac{5}{2}$ ....

$\dfrac{4}{3}$ ....

$\dfrac{9}{4}$ ....

$\dfrac{3}{9}$ ....

$\dfrac{7}{15}$ ....

....
5

3 **Place ces fractions sur la droite numérique.**

$\dfrac{2}{7}$ $\dfrac{5}{7}$ $\dfrac{11}{7}$ $\dfrac{7}{7}$ $\dfrac{15}{7}$ $\dfrac{9}{7}$

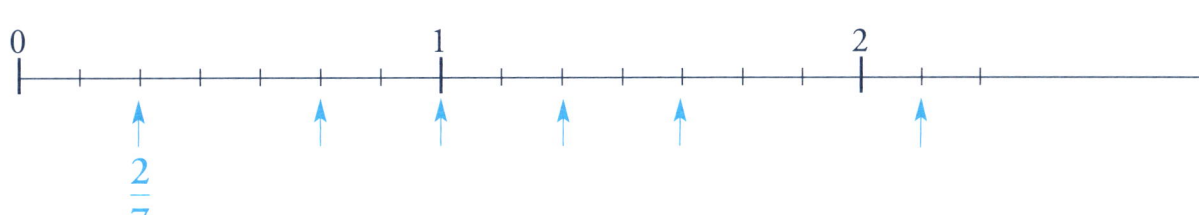

$\dfrac{2}{7}$ ....

....
5

4 **Sur chaque graphique, colorie la quantité exprimée par la fraction.**

$\dfrac{4}{5}$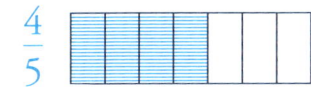

$\dfrac{5}{12}$

$\dfrac{3}{4}$

$\dfrac{9}{10}$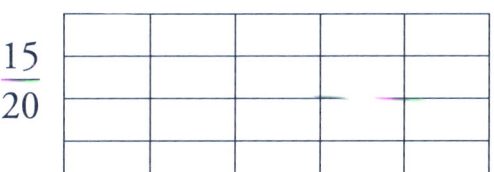

$\dfrac{8}{16}$

$\dfrac{15}{20}$

....
5

5 **Écris les fractions qui repèrent les points placés sur la droite numérique.**

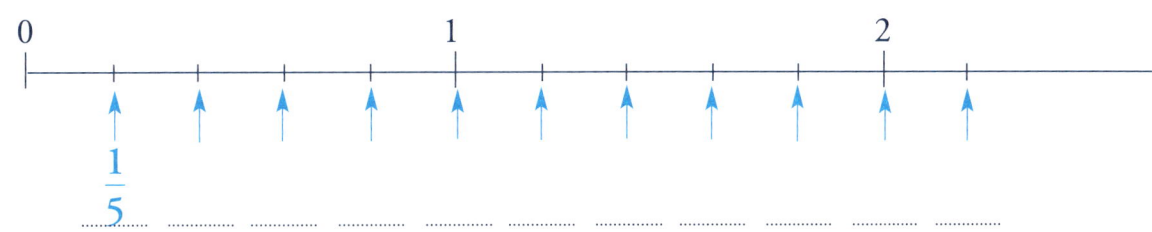

$\dfrac{1}{5}$ ....

....
10

Le total de mes bonnes réponses est .... **/30**

Les fractions : simplifier

Je compte
mes bonnes
réponses

Observe la règle

• Quand le numérateur et le dénominateur d'une fraction sont **des multiples d'un même nombre,** tu peux *la simplifier* en écrivant **une fraction équivalente** (qui représente la même quantité) mais avec **des nombres plus petits.**

$$\overset{:\,3}{\overbrace{\frac{12}{15}}} = \frac{4}{5}$$

$$\underset{:\,3}{}$$

> Il suffit de **diviser** le numérateur et le dénominateur par **un même nombre.**

• *Réduire* deux fractions **au même dénominateur** : pour comparer, additionner ou soustraire deux fractions, il faut qu'elles aient le même dénominateur. Pour cela, multiplie **le numérateur et le dénominateur de chaque fraction par le dénominateur de l'autre fraction.**

$$\frac{3}{2} \qquad \frac{5}{7} \qquad\qquad \frac{3 \times 7}{2 \times 7} = \frac{21}{14} \,;\, \frac{5 \times 2}{7 \times 2} = \frac{10}{14}$$

1 Complète ces simplifications comme sur l'exemple.

$$\frac{6}{4} = \frac{3 \times 2}{2 \times 2} = \frac{3}{2} \qquad\qquad \frac{8}{12} = \frac{2 \times 4}{3 \times 4} = \qquad\qquad \frac{9}{15} = \frac{3 \times 3}{5 \times 3} =$$

$$\frac{18}{27} = \frac{2 \times 9}{3 \times 9} = \qquad\qquad \frac{21}{28} = \frac{3 \times 7}{4 \times 7} = \qquad\qquad \frac{56}{24} = \frac{7 \times 8}{3 \times 8} =$$

......
5

2 Simplifie ces fractions en procédant comme dans l'exercice 1.

$$\frac{15}{25} = \frac{\times}{\times} = \frac{3}{5} \qquad \left| \frac{8}{12} = \right. \qquad \left| \frac{18}{36} = \right. \qquad \left| \frac{45}{81} = \right. \qquad \left| \frac{44}{33} = \right.$$

......
5

3 **Relie deux par deux les fractions équivalentes.**

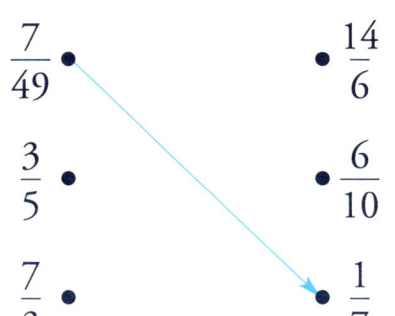

$\dfrac{7}{49}$ •   • $\dfrac{14}{6}$

$\dfrac{3}{5}$ •   • $\dfrac{6}{10}$

$\dfrac{7}{3}$ •   • $\dfrac{1}{7}$

$\dfrac{16}{20}$ •   • $\dfrac{9}{12}$

$\dfrac{3}{4}$ •   • $\dfrac{4}{5}$

$\dfrac{32}{36}$ •   • $\dfrac{8}{9}$

....
5

4 **Complète les fractions pour que les égalités soient vérifiées.**

$$\dfrac{1}{6} = \dfrac{.......}{12} \qquad\qquad \dfrac{3}{5} = \dfrac{.......}{15} \qquad\qquad \dfrac{.......}{5} \quad \dfrac{24}{30}$$

....
3

5 **Réduis les fractions au même dénominateur.**

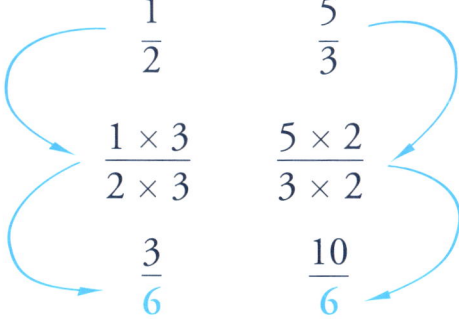

$$\dfrac{1}{2} \qquad\qquad \dfrac{5}{3}$$

$$\dfrac{1 \times 3}{2 \times 3} \qquad \dfrac{5 \times 2}{3 \times 2}$$

$$\dfrac{3}{6} \qquad\qquad \dfrac{10}{6}$$

$$\dfrac{1}{4} \qquad\qquad \dfrac{1}{5}$$

$$\dfrac{1 \times ....}{4 \times ....} \qquad \dfrac{1 \times ....}{5 \times ....}$$

$$\dfrac{.......}{.......} \qquad\qquad \dfrac{.......}{.......}$$

$$\dfrac{2}{3} \qquad\qquad \dfrac{1}{7}$$

$$\dfrac{2 \times ....}{3 \times ....} \qquad \dfrac{1 \times ....}{7 \times ....}$$

$$\dfrac{.......}{.......} \qquad\qquad \dfrac{.......}{.......}$$

....
2

Le total de mes bonnes réponses est ..../20

Les fractions : comparer

Je compte
mes bonnes
réponses

Observe la règle

- Lorsque tu **compares le numérateur au dénominateur**, tu compares **la fraction par rapport à 1** :

  Numérateur < Dénominateur   La fraction est plus petite que 1.
  Numérateur = Dénominateur   La fraction vaut 1.
  Numérateur > Dénominateur   La fraction est plus grande que 1.

- Si deux fractions ont **le même dénominateur**, la plus grande est celle qui a **le plus grand numérateur**.

  $$\frac{15}{8} > \frac{11}{8} \quad \text{car } 15 > 11$$

- Pour **comparer deux fractions** quelconques, tu les **réduis au même dénominateur** puis **tu compares les numérateurs obtenus**.

  La fraction la plus grande est celle qui a **le plus grand numérateur**.

  Comparer $\frac{7}{9}$ et $\frac{11}{12}$ revient à comparer $\frac{7 \times 12}{9 \times 12}$ et $\frac{11 \times 9}{12 \times 9}$, c'est-à-dire

  comparer $\frac{84}{108}$ et $\frac{99}{108}$. Comme $84 < 99$, alors $\frac{84}{108} < \frac{99}{108}$, donc $\frac{7}{9} < \frac{11}{12}$.

1 Compare ces fractions à 1 en complétant par les signes **<, >** ou **=**.

$\frac{7}{5}$ .... 1 | $\frac{12}{12}$ .... 1 | $\frac{8}{9}$ .... 1 | 1 .... $\frac{53}{112}$ | $\frac{24}{23}$ .... 1 | 1 .... $\frac{108}{99}$ — 6

2 Mets le signe **<** (« plus petit que »), **>** (« plus grand que ») ou **=** .

$\frac{3}{2}$ .... $\frac{5}{2}$ | $\frac{1}{2}$ .... $\frac{2}{4}$ | $\frac{6}{5}$ .... $\frac{3}{5}$ | $\frac{2}{3}$ .... $\frac{7}{3}$ | $\frac{8}{12}$ .... $\frac{9}{12}$ | $\frac{8}{15}$ .... $\frac{2}{15}$ — 6

MINI-CHOUETTE © HATIER

3 Compare ces fractions (réduis-les d'abord au même dénominateur).

$$\frac{5}{7} \dotfill \frac{7}{5} \quad \Big| \quad \frac{21}{31} \dotfill \frac{12}{13} \quad \Big| \quad \frac{13}{8} \dotfill \frac{11}{6} \quad \Big| \quad \frac{100}{30} \dotfill \frac{10}{3} \quad \Big| \quad \frac{39}{9} \dotfill \frac{4}{7} \quad \Big| \quad \frac{57}{3} \dotfill \frac{23}{2}$$

6

4 Complète par **<, >** ou **=**.

$$\frac{3}{5} + \frac{4}{5} \dotfill \frac{2}{5} + \frac{6}{5} \qquad\qquad \frac{5}{3} - \frac{1}{3} \dotfill \frac{8}{3} - \frac{4}{3} \qquad\qquad \frac{3}{4} + \frac{7}{4} \dotfill \frac{20}{4} - \frac{9}{4}$$

$$\frac{1}{6} + \frac{5}{6} \dotfill \frac{5}{6} - \frac{1}{6} \qquad\qquad \frac{2}{9} + \frac{4}{9} \dotfill \frac{8}{9} - \frac{2}{9} \qquad\qquad \frac{3}{2} - \frac{1}{2} \dotfill \frac{1}{2} + \frac{1}{2}$$

6

5 Dans chaque liste, range les fractions de la plus petite à la plus grande.

a) $\dfrac{3}{11} ; \dfrac{12}{11} ; \dfrac{5}{11} ; \dfrac{8}{11} ; \dfrac{15}{11} ; \dfrac{4}{11} ; \dfrac{2}{11}$ ....

b) $\dfrac{9}{4} ; \dfrac{14}{4} ; \dfrac{0}{4} ; \dfrac{5}{4} ; \dfrac{1}{4} ; \dfrac{7}{4}$ ....

c) $\dfrac{2}{9} ; \dfrac{6}{9} ; \dfrac{8}{9} ; \dfrac{5}{9} ; \dfrac{3}{9} ; \dfrac{7}{9}$ ....

d) $\dfrac{1}{5} ; \dfrac{8}{5} ; \dfrac{3}{5} ; \dfrac{11}{5} ; \dfrac{14}{5} ; \dfrac{6}{5}$ ....

e) $\dfrac{2}{3} ; \dfrac{1}{3} ; \dfrac{3}{5} ; \dfrac{1}{2} ; \dfrac{3}{2} ; \dfrac{1}{5}$ ....

f) $\dfrac{1}{2} ; \dfrac{8}{10} ; \dfrac{3}{10} ; \dfrac{3}{2} ; \dfrac{14}{10} ; \dfrac{6}{10}$ ....

6

Le total de mes bonnes réponses est .... /30

Les fractions décimales (1)

Je compt
mes bonn
réponses

Force 1

Observe la règle

- Les **fractions décimales** ont comme particularité d'avoir un **dénominateur égal à 10, 100, 1 000, 10 000...**
- 5,394 est un nombre décimal. Il correspond à la fraction décimale et se lit « cinq virgule trois cent quatre-vingt quatorze » ou « cinq et trois cent quatre-vingt quatorze millièmes ».
- **Un nombre décimal peut donc s'écrire de deux façons :** $\dfrac{5\ 394}{1\ 000}$

sous la forme d'**une fraction décimale** ou celle d'**un nombre à virgule**.

- Un nombre décimal est formé d'une **partie entière** (à gauche de la virgule) et d'une **partie décimale** non entière (à droite de la virgule) :

$$5,394 = \frac{5\ 394}{1\ 000} = \frac{5\ 000 + 394}{1\ 000} = \frac{5\ 000}{1\ 000} + \frac{394}{1\ 000} = 5 + \frac{394}{1\ 000}$$

partie entière

partie décimale

N'oublie pas : tu peux écrire un nombre entier sous la forme d'un nombre décimal :

$$45 = 45 + \frac{0}{1000} = 45{,}000$$

1 **Écris ces nombres décimaux en chiffres sous la forme d'un nombre à virgule.**

- dix-sept virgule trois cent douze ....
- cinq virgule trente-deux ....
- neuf et cent onze millièmes ....
- zéro virgule sept cent trente-deux ....
- trois mille et trois cent trois millièmes ....
- douze et douze centièmes ....

2 Écris en lettres ces nombres décimaux.

- 6,342 ....
- 54,804 ....
- 0,598 ....
- 12,3 ....
- 5,14 ....
- 127,8 ....

6

3 Associe à chaque fraction décimale le nombre décimal qui lui correspond.

$\dfrac{5\,034}{1\,000}$ •　　　• 5,34

$\dfrac{534}{100}$ •　　　• 5,034

$\dfrac{50\,304}{100}$ •　　　• 5,3

$\dfrac{53}{10}$ •　　　• 503,04

4

4 Décompose les fractions décimales, comme dans l'exemple, pour faire apparaître la partie entière et la partie décimale.

$$\frac{12\,534}{1\,000} = \frac{12\,000 + 534}{1\,000} = \frac{12\,000}{1\,000} + \frac{534}{1\,000} = 12 + \frac{534}{1\,000}$$

$$\frac{23\,871}{1\,000} = \frac{ + }{1\,000} = \frac{}{1\,000} + \frac{}{1\,000} = \text{.........} + \frac{}{1\,000}$$

$$\frac{6\,504}{100} = $$

$$\frac{780\,045}{1\,000} = $$

$$\frac{354}{10} = $$

4

Le total de mes bonnes réponses est .... /20

Les fractions décimales (2)

Force 2

Observe la règle

Décompose la fraction décimale $\dfrac{52\,348}{1\,000}$:

$$\dfrac{52\,348}{1000} = \dfrac{52\,000 + 300 + 40 + 8}{1\,000} = \dfrac{52\,000}{1\,000} + \dfrac{300}{1\,000} + \dfrac{40}{1\,000} + \dfrac{8}{1\,000}$$

$$= 52 + \dfrac{3}{10} + \dfrac{4}{100} + \dfrac{8}{1\,000}$$

| la partie entière | 3 dixièmes | 4 centièmes | 8 millièmes |

Tu peux donc **décomposer un nombre décimal** dans un tableau :

	partie entière				partie décimale		
	centaines	dizaines	unités		dixièmes	centièmes	millièmes
542,973	5	4	2	,	9	7	3
12,34	0	1	2	,	3	4	0
0,064	0	0	0	,	0	6	4

① **Décompose les fractions comme sur l'exemple.**

$$\dfrac{3\,412}{1\,000} = \dfrac{3\,000 + 400 + 10 + 2}{1\,000} = \dfrac{3\,000}{1\,000} + \dfrac{400}{1\,000} + \dfrac{10}{1\,000} + \dfrac{2}{1\,000} = 3 + \dfrac{4}{10} + \dfrac{1}{100} + \dfrac{2}{1\,000}$$

$$\dfrac{5\,439}{1\,000} = \text{...}$$

$$\dfrac{85\,364}{1\,000} = \text{...}$$

2

2 **Transforme chaque fraction en une fraction décimale puis décompose-la en nombre entier et fractions décimales comme dans l'exercice 1.**

$$\frac{42}{5} = \frac{\times}{5 \times 2} = \frac{}{10} = \text{..}$$

$$\frac{73}{20} = \text{...}$$

$$\frac{171}{50} = \text{...}$$

$$\frac{3\,547}{200} = \text{...}$$

......

4

3 **Décompose les nombres décimaux dans le tableau.**

	partie entière				partie décimale		
	centaines	dizaines	unités		dixièmes	centièmes	millièmes
347,892	3	4	7	,	8	9	2
134,574				,			
28,671				,			
567,21				,			
42,013				,			
5,003				,			

......

29

4 **Recompose les nombres décimaux (ne note pas les zéros qui ne sont pas nécessaires).**

	partie entière			partie décimale		
	centaines	dizaines	unités	dixièmes	centièmes	millièmes
123,456	1	2	3	4	5	6
	3	4	7	5	9	1
	9	3	0	0	8	0
	0	0	5	8	7	9
	4	5	0	0	0	5
	3	1	0	1	0	0

......

5

Le total de mes bonnes réponses est ...... /40

Les nombres décimaux

Je compt mes bonn réponses

Observe la règle

Comparer deux nombres décimaux :

- **Le plus grand** est celui qui a **la partie entière la plus grande**.
  45,3 > **9**,876

- **Si les deux nombres ont la même partie entière,**
  on compare le chiffre des dixièmes. Le plus grand est celui qui a le plus
  grand chiffre des dixièmes : 5,**5**1 > 5,**2**93 ;
  s'ils ont le **même chiffre des dixièmes, le plus grand** est celui qui a **le plus
  grand chiffre des centièmes** : 14,0**9**1 > 14,0**7**9 ;
  s'ils ont le **même chiffre des centièmes, le plus grand** est celui qui a **le
  plus grand chiffre des milliers** : 1,23**8** > 1,23**5**.

N'oublie pas : un nombre entier peut s'écrire comme un nombre décimal
dont les dixièmes, centièmes et millièmes sont nuls : 5 = 5,000.

Encadrer un nombre décimal :

   47 < 47,583 < 48 est un **encadrement** de 47,583 **à l'unité près**.
   47,5 < 47,583 < 47,6 est un **encadrement** de 47,583 **au dixième près**.
   47,58 < 47,583 < 47,59 est un **encadrement** de 47,583 **au centième près**.
   47,582 < 47,583 < 47,584 est un **encadrement** de 47,583 **au millième près**.

1 **Mets le signe qui convient <, > ou = .**

4,3 5,6   8,9 9,8   3,7 3,70

45,27 45,314   421,3 42,13   874,2 874,21

1,525 1,528   524,308 524,305   9 7,298

12,376 12,356

Corrigés à détacher

Après avoir vérifié ici tes réponses, reporte-toi au tableau page 28 pour évaluer ton travail.

Les fractions : écrire, nommer — PAGE 4

1 a) $\dfrac{3}{10}$ b) $\dfrac{3}{8}$ c) $\dfrac{2}{3}$ d) $\dfrac{2}{5}$ e) $\dfrac{3}{7}$

2 $\dfrac{5}{2}$ cinq demis $\dfrac{4}{3}$ quatre tiers $\dfrac{9}{4}$ neuf quarts

$\dfrac{3}{9}$ trois neuvièmes $\dfrac{7}{15}$ sept quinzièmes

3

4
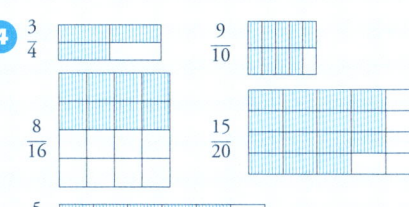

$\dfrac{3}{4}$ $\dfrac{9}{10}$ $\dfrac{8}{16}$ $\dfrac{15}{20}$ $\dfrac{5}{12}$

5
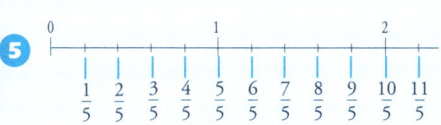

$\dfrac{1}{5}\ \dfrac{2}{5}\ \dfrac{3}{5}\ \dfrac{4}{5}\ \dfrac{5}{5}\ \dfrac{6}{5}\ \dfrac{7}{5}\ \dfrac{8}{5}\ \dfrac{9}{5}\ \dfrac{10}{5}\ \dfrac{11}{5}$

Les fractions : simplifier — PAGE 6

1 $\dfrac{8}{12}=\dfrac{2\times 4}{3\times 4}=\dfrac{2}{3}$ $\dfrac{9}{15}=\dfrac{3\times 3}{5\times 3}=\dfrac{3}{5}$ $\dfrac{18}{27}=\dfrac{2\times 9}{3\times 9}=\dfrac{2}{3}$

$\dfrac{21}{28}=\dfrac{3\times 7}{4\times 7}=\dfrac{3}{4}$ $\dfrac{56}{24}=\dfrac{7\times 8}{3\times 8}=\dfrac{7}{3}$

2 $\dfrac{15}{25}=\dfrac{3\times 5}{5\times 5}=\dfrac{3}{2}$ $\dfrac{8}{12}=\dfrac{2\times 4}{3\times 4}=\dfrac{2}{3}$ $\dfrac{18}{36}=\dfrac{1\times 18}{2\times 18}=\dfrac{1}{2}$

$\dfrac{45}{81}=\dfrac{5\times 9}{9\times 9}=\dfrac{5}{9}$ $\dfrac{44}{33}=\dfrac{4\times 11}{3\times 11}=\dfrac{4}{3}$

3
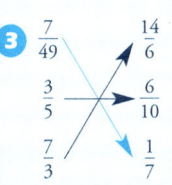

$\dfrac{7}{49}\quad\dfrac{14}{6}$
$\dfrac{3}{5}\quad\dfrac{6}{10}$
$\dfrac{7}{3}\quad\dfrac{1}{7}$

$\dfrac{16}{20}\quad\dfrac{9}{12}$
$\dfrac{3}{4}\quad\dfrac{4}{5}$
$\dfrac{32}{36}\quad\dfrac{8}{9}$

(haut de la 2e colonne)

4 $\dfrac{1}{6}=\dfrac{2}{12}$ $\dfrac{3}{5}=\dfrac{9}{15}$ $\dfrac{4}{5}=\dfrac{24}{30}$

5
$\dfrac{1}{4}$ $\dfrac{1}{5}$ $\dfrac{2}{3}$ $\dfrac{1}{7}$

$\dfrac{1\times 5}{4\times 5}$ $\dfrac{1\times 4}{5\times 4}$ $\dfrac{2\times 7}{3\times 7}$ $\dfrac{1\times 3}{7\times 3}$

$\dfrac{5}{20}$ $\dfrac{4}{20}$ $\dfrac{14}{21}$ $\dfrac{3}{21}$

Les fractions : comparer — PAGE 8

1 $\dfrac{7}{5}>1$ | $\dfrac{12}{12}=1$ | $\dfrac{8}{9}<1$ | $1>\dfrac{53}{112}$ | $\dfrac{24}{23}>1$ | $1<\dfrac{108}{99}$

2 $\dfrac{3}{2}<\dfrac{5}{2}$ | $\dfrac{1}{2}=\dfrac{2}{4}$ | $\dfrac{6}{5}>\dfrac{3}{5}$ | $\dfrac{2}{3}<\dfrac{7}{3}$ | $\dfrac{8}{12}<\dfrac{9}{12}$ | $\dfrac{8}{15}>\dfrac{2}{15}$

3 $\dfrac{5}{7}<\dfrac{7}{5}$ | $\dfrac{21}{31}\quad\dfrac{12}{13}$ | $\dfrac{13}{8}<\dfrac{11}{6}$ | $\dfrac{100}{30}=\dfrac{10}{3}$

$\dfrac{25}{35}\quad\dfrac{49}{35}$ | $\dfrac{273}{403}\quad\dfrac{372}{403}$ | $\dfrac{78}{48}\quad\dfrac{88}{48}$ | $\dfrac{100}{30}\quad\dfrac{10\times 10}{30}$

$\dfrac{39}{9}>\dfrac{4}{7}$ | $\dfrac{57}{3}>\dfrac{23}{2}$

$\dfrac{273}{63}\quad\dfrac{36}{63}$ | $\dfrac{114}{6}\quad\dfrac{69}{6}$

4 $\dfrac{3}{5}+\dfrac{4}{5}<\dfrac{2}{5}+\dfrac{6}{5}$ $\dfrac{5}{3}-\dfrac{1}{3}=\dfrac{8}{3}-\dfrac{4}{3}$ $\dfrac{3}{4}+\dfrac{7}{4}<\dfrac{20}{4}-\dfrac{9}{4}$

$\dfrac{1}{6}+\dfrac{5}{6}>\dfrac{5}{6}-\dfrac{1}{6}$ $\dfrac{2}{9}+\dfrac{4}{9}=\dfrac{8}{9}-\dfrac{2}{9}$ $\dfrac{3}{2}-\dfrac{1}{2}=\dfrac{1}{2}+\dfrac{1}{2}$

5 a) $\dfrac{2}{11};\dfrac{3}{11};\dfrac{4}{11};\dfrac{5}{11};\dfrac{8}{11};\dfrac{12}{11};\dfrac{15}{11}$

b) $\dfrac{0}{4};\dfrac{1}{4};\dfrac{5}{4};\dfrac{7}{4};\dfrac{9}{4};\dfrac{14}{4}$

c) $\dfrac{2}{9};\dfrac{3}{9};\dfrac{5}{9};\dfrac{6}{9};\dfrac{7}{9};\dfrac{8}{9}$

d) $\dfrac{1}{5};\dfrac{3}{5};\dfrac{6}{5};\dfrac{8}{5};\dfrac{11}{5};\dfrac{14}{5}$

e) $\dfrac{1}{5};\dfrac{1}{3};\dfrac{1}{2};\dfrac{3}{5};\dfrac{2}{3};\dfrac{3}{2}$

f) $\dfrac{3}{10};\dfrac{1}{2};\dfrac{6}{10};\dfrac{8}{10};\dfrac{14}{10};\dfrac{3}{2}$

Les fractions décimales (1) — PAGE 10

1
- dix-sept virgule trois cent douze : 17,312
- cinq virgule trente-deux : 5,32
- neuf et cent onze millièmes : 9,111
- zéro virgule sept cent trente-deux : 0,732
- trois mille et trois cent trois millièmes : 3 000,303
- douze et douze centièmes : 12,12

2
- 6,342 : six virgule trois cent quarante-deux **ou** six et trois cent quarante-deux millièmes
- 54,804 : cinquante-quatre virgule huit cent quatre **ou** cinquante-quatre et huit cent quatre millièmes
- 0,598 : zéro virgule cinq cent quatre-vingt dix-huit **ou** zéro et cinq cent quatre-vingt dix-huit millième
- 12,3 : douze virgule trois **ou** douze et trois dixièmes
- 5,14 : cinq virgule quatorze **ou** cinq et quatorze centièmes
- 127,8 : cent vingt sept virgule huit **ou** cent vingt sept et huit dixièmes

3
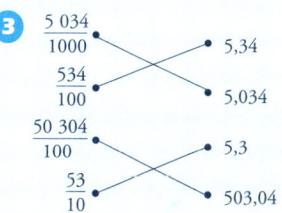

$\dfrac{5\ 034}{1000}$ — 5,34
$\dfrac{534}{100}$ — 5,034
$\dfrac{50\ 304}{100}$ — 5,3
$\dfrac{53}{10}$ — 503,04

4 $\dfrac{23\ 871}{1\ 000}=\dfrac{23\ 000+871}{1\ 000}=\dfrac{23\ 000}{1\ 000}+\dfrac{871}{1\ 000}=23+\dfrac{871}{1\ 000}$

$\dfrac{6\ 504}{100}=\dfrac{6\ 500+4}{100}=\dfrac{6\ 500}{100}+\dfrac{4}{100}=65+\dfrac{4}{100}$

$\dfrac{780\ 045}{1\ 000}=\dfrac{780\ 000+45}{1\ 000}=\dfrac{780\ 000}{1\ 000}+\dfrac{45}{1\ 000}=780+\dfrac{45}{1\ 000}$

$\dfrac{354}{10}=\dfrac{350+4}{10}=\dfrac{350}{10}+\dfrac{4}{10}=35+\dfrac{4}{100}$

Les fractions décimales (2) — PAGE 12

1 $\dfrac{5\ 439}{1\ 000}=\dfrac{5\ 000+400+30+9}{1\ 000}=\dfrac{5\ 000}{1\ 000}+\dfrac{400}{1\ 000}+$

$\dfrac{30}{1\ 000}+\dfrac{9}{1\ 000}=5+\dfrac{4}{10}+\dfrac{3}{100}+\dfrac{9}{1\ 000}$

$\dfrac{85\ 364}{1\ 000}=\dfrac{85\ 000+300+60+4}{1\ 000}=\dfrac{85\ 000}{1\ 000}+\dfrac{300}{1\ 000}+$

$\dfrac{60}{1\ 000}+\dfrac{4}{1\ 000}=85+\dfrac{3}{10}+\dfrac{6}{100}+\dfrac{4}{1\ 000}$

MINI-CHOUETTE © HATIER

2

$\frac{42}{5}=\frac{42\times2}{5\times2}=\frac{84}{10}=\frac{80+4}{10}=\frac{80}{10}+\frac{4}{10}=8+\frac{4}{10}$

$\frac{73}{20}=\frac{73\times5}{20\times5}=\frac{365}{100}=\frac{300+60+5}{100}=\frac{300}{100}+\frac{60}{100}+\frac{5}{100}=3+\frac{6}{10}+\frac{5}{100}$

$\frac{171}{50}=\frac{171\times2}{50\times2}=\frac{342}{100}=\frac{300+40+2}{100}=\frac{300}{100}+\frac{40}{100}+\frac{2}{100}=3+\frac{4}{10}+\frac{2}{100}$

$\frac{3547}{200}=\frac{3\,547\times5}{200\times5}=\frac{17\,735}{1\,000}=\frac{17\,000+700+30+5}{1\,000}=\frac{17\,000}{1\,000}+\frac{700}{1\,000}+\frac{30}{1\,000}+\frac{5}{1\,000}=17+\frac{7}{10}+\frac{3}{100}+\frac{5}{1\,000}$

3

	partie entière				partie décimale		
	centai.	dizai.	unit.		dixiè.	centiè.	milliè.
347,892	3	4	7	,	8	9	2
134,574	1	3	4	,	5	7	4
28,671	0	2	8	,	6	7	1
567,21	5	6	7	,	2	1	
42,013	0	4	2	,	0	1	3
5,003	0	0	5	,	0	0	3

4

	partie entière			partie décimale		
	centai.	dizai.	unités	dixiè.	centiè.	milliè.
123,456	1	2	3	4	5	6
347,591	3	4	7	5	9	1
930,08	9	3	0	0	8	0
5,879	0	0	5	8	7	9
450,005	4	5	0	0	0	5
310,1	3	1	0	1	0	0

Les nombres décimaux — PAGE 14

1

4,3 < 5,6 — 8,9 < 9,8
3,7 = 3,70 — 45,27 < 45,314
421,3 > 42,13 — 874,2 < 874,21
1,525 < 1,528 — 524,308 > 524,305
9 > 7,298 — 12,376 > 12,356

2

2,5 - 2,9 - 2,4 - 2,6 - 2 → 2 - 2,4 - 2,5 - 2,6 - 2,9

12,3 - 12,39 - 12,37 - 12,31 - 12,35 → 12,3 - 12,31 - 12,35 - 12,37 - 12,39

9,629 - 9,627 - 9,624 - 9,62 - 9,625 → 9,62 - 9,624 - 9,625 - 9,627 - 9,629

2,312 - 2,352 - 2,302 - 2,372 - 2,322 → 2,302 - 2,312 - 2,322 - 2,352 - 2,372

17,321 - 17,351 - 173,21 - 1,7452 - 17,325 → 1,7452 - 17,321 - 17,325 - 17,351 - 173,21

3

15,19 > 15,09 — 234,594 > 234,59
3,175 > 3,089 — 128,25 < 129,02
6,378 < 6,379 — 19,2 > 18,9
12,50 < 12,51 — 42,28 < 42,29
123,569 > 123,568 — 954,12 > 899,67

4

14,4 < 14,5 < 14,6 — 0,7 < 0,8 < 0,9
695,3 > 695,2 > 695,1 — 9 < 9,1 < 9,2
428 > 427,9 > 427,8

5

0,05 ≠ 0,5 — 00,5 = 0,5
3,00 = 03,0 — 333,000 = 333
60,06 ≠ 6,6 — 06,06 ≠ 6,6
09,90 = 9,9 — 80,80 = 80,8
010,10 ≠ 1,10 — 02 020,200 = 2 020,2

Additionner des décimaux — PAGE 16

1

- 14,8 + 35,6 = 50,4
- 168,43 + 94,71 = 263,14
- 12 364,524 + 687,09 = 13 051,614
- 24,01 + 19,81 = 43,82
- 358,64 + 167,001 = 525,641
- 135,257 + 12,9 = 148,157

2

```
   1  1                1
  354,38            203,15
+ 116,45          +  56,097
  470,83            259,247

  2 1 1            2 1  1 1
  695,09            324,051
+ 143,601         +  17,2
+  87,8           +   9,749
  926,491           351,000

   1   2     1
    35618,2
+  452005,439
+    9367,004
   496990,643

   1 2 1 1 2 2 1    1
   2470923,1436
+   832196,021
+  6002345,8
+    95467,27
   9400932,2346
```

3

9,1 + 0,9 = 10
3,6 + 0,4 = 4
6,7 + 0,3 = 7
0,5 + 6,5 = 7
0,8 + 11,2 = 12
7,3 + 0,4 + 5,3 = 13

4

```
  1 1                 1
   95,95           4037,51
+  43,2          +  208,104
  139,15           4245,614

     1   1          1 1 1  1
      65,38           52,671
+  14604,2         + 111
+     19,195       +  18,9
   14688,775       + 637,28
                     819,851

   1 1 1 2    2
     70324,08
       451,47
+  8000643,9
+        1,763
   8071421,213

  2 1    1 1
    12,000
+    0,053
+  456,2
+   92,457
+   43,12
   603,830
```

5

- 10,1 + 12,5 → 22,6
- 504,91 + 35,01 → 539,92
- 50,02 + 408,02 → 458,04
- 40,135 + 7,4 → 47,535
- 21,11 + 18,81 → 39,92
- 170,130 + 305,405 → 475,535
- 261,8 + 278,02 → 539,82

Additionner entiers et décimaux — PAGE 18

1

```
                 1
   12,5         7,00         5,45
+   7,0      + 53,02      + 12,02
   19,5        60,02        17,47

   1 1         1 1  1
    9,0         6,84
+ 131,3      + 10,00
+  65,0      +  9,16
  205,3        26,00
```

2

```
                              1
    5,0          3,7          12,9
+   9,1       +  8,0       + 129,0
   14,1         11,7         141,9

   45,0        13,000          5,412
+  23,9     +   0,045     + 130,000
   68,9        13,045        135,412

  1                  1 1
    6,024             45,23
+  24,000         +  965,00
   30,024           1010,23

  1
     6,000
+  244,657
   250,657
```

3

5,5 + 21 + 6,54 → (33) 722 800 451 14
45,1 + 5,12 + 0,19 → 1 000 9 90 900 (50)
70 + 53,46 + 30 → 200 15 5 400 (150) 540
1354 + 5,123 + 40,985 → (1 400) 50 140 47 000 6325
587,561 + 1,547 + 10 → 65 150 (600) 2,57854 589 120

4 a)

```
   1 2
     38,000
+    17,35
+   463,219
+    57,000
    575,569
```

b)
```
  1 1 1 1  1
        8 , 7 5 1
+ 5 0 2 6 3 8 , 2 9
+   1 4 3 6 2 , 0 0 0
  5 1 7 0 0 9 , 0 4 1
```

c)
```
       1 1
         9 1 , 0 0 0
+     8 5 6 2 7 , 0 0 0
+ 1 4 0 3 6 0 0 , 9 5 6
  1 4 8 9 3 1 8 , 9 5 6
```

d)
```
      1 1 2
           3 , 4 6 3 9
+       5 0 4 , 0 0 0 0
+        2 8 , 0 0 2
+ 6 6 9 8 8 , 0 0 0 0
  6 7 5 2 3 , 4 6 5 9
```

e)
```
      1 1    1 2
  1 5 3 2 2 6 , 0 0
+ 1 0 0 9 2 0 8 , 0 0
+           6 9 , 0 2
+       7 1 0 8 3 , 9
  1 2 3 3 5 8 6 , 9 2
```

5)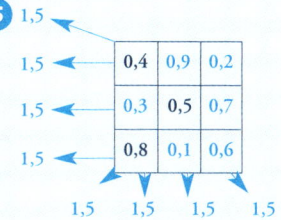

Soustraire des décimaux — PAGE 20

1)
- 9 , 6 − 4 , 3 = 5 , 3
- 1 9 , 5 − 3 , 6 = 1 5 , 9
- 2 5 9 , 3 8 − 7 8 , 6 4 = 1 8 0 , 7 4
- 1 9 5 , 4 − 6 , 9 7 = 1 8 8 , 4 3
- 2 9 7 , 3 4 − 1 8 9 , 0 0 7 = 1 0 8 , 3 3 3

2)

⌒	0	2,14	7,21	52,3
1	P	I	I	I
2,09	P	P	I	I
8,34	P	P	P	I
52,3	P	P	P	P

3)
```
  6 8 , 5       4 8 3 , 1 4      6 3 4 , 0 1 9
− 1 4 , 8    −   9 7 , 2 1    − 2 2 9 , 1 4 3
  5 3 , 7      3 8 5 , 9 3      4 0 4 , 8 7 6
```

```
  9 4 1 , 1 7       4 , 6 0 4
− 1 5 2 , 0 3 6   − 1 , 0 9
  7 8 9 , 1 3 4     3 , 5 1 4
```

4)
```
  1 4 , 7 5      1 4 2 , 1 2 3
−  9 , 1 8    −  6 4 , 7 5 2
  0 5 , 5 7      0 7 7 , 3 7 1
```

```
  8 3 5 , 2 5
− 1 4 2 , 5 2 4
  6 9 2 , 7 2 6
```

5)
```
  1 2 , 5       3 2 4 , 5 3      6 5 2 , 8
−  9 , 8    − 1 6 7 , 1 4    −  4 5 , 4 6
  0 2 , 7      1 5 7 , 3 9      6 0 7 , 3 4
```

```
  8 0 3 , 2        4 0 0 , 0 1
−  6 5 , 0 5 6   − 1 9 5 , 6 7 8
  7 3 8 , 1 4 4     2 0 4 , 3 3 2
```

Soustraire entiers et décimaux — PAGE 22

1)
```
  1 2 , 5        5 1 3 , 3 4
−  5 , 0    −  1 5 , 0 0
   7 , 5       4 9 8 , 3 4
```

```
  8 4 2 , 7 3 5      1 3 5 , 0 0 7
− 6 5 8 , 0 0 0   −  8 9 , 0 0 0
  1 8 4 , 7 3 5      0 4 6 , 0 0 7
```

2)
```
  4 3 , 0 0       1 3 8 , 0 0 0
−  5 , 2 5    −  8 4 , 7 3 2
  3 7 , 7 5       0 5 3 , 2 6 8
```

```
  7 0 2 , 0 0 0      1 3 0 0 , 0 0 0
− 1 2 8 , 0 4 3   −        0 , 1 9 8
  5 7 3 , 9 5 7      1 2 9 9 , 8 0 2
```

3)
21 − 0,5 = 20,5   36 − 0,4 = 35,6
14 − 0,7 = 13,3   37 − 0,25 = 36,75

4)
```
  9           2 5          4 5 7
− 6 , 7    − 1 7 , 1 5    − 1 4 9 , 0 3 6
  2 , 3      0 7 , 8 5      3 0 7 , 9 6 4
```

```
  1 3 0 1
−   9 1 3 , 0 0 2
  0 3 8 7 , 9 9 8
```

5)
```
  2 5 9 , 8 3      4 9 1 , 4 6
− 1 5 2 , 3 8   − 3 6 9 , 7 4
  1 0 7 , 4 5      1 2 1 , 7 2
```

```
  1 0 2 8 , 5 1      3 2 6 , 1 0
−  8 5 7 , 6 4   − 2 0 8 , 1 7
  1 7 0 , 8 7      1 1 7 , 9 3
```

Multiplier un entier et un décimal — PAGE 24

1)
- 58,365 × 4 = 233,460   • 692 × 2,325 = 1608,900
- 28 × 0,014 = 0,392   • 12,0004 × 25 = 300,0100
- 5,125 × 13 = 66,625   • 50,401 × 37 = 1864,837

2)
8,3 × 10 = 83
7,561 × 100 = 756,1
100 000 × 12,57 = 1 257 000
9,65 × 10 = 96,5
3,25 × 1 000 = 3250
6,245 × 100 = 624,5

3)
6,012 × 100 = 601,2
1 000 000 × 0,0154 = 15 400
100 000 × 0,12 = 12 000
30,5 × 1 000 = 30 500
8,9013 × 1 000 = 8 901,3
10 × 35,24 = 352,4

4)
1 254 × 0,1 = 125,4   6 534 × 0,001 = 6,534
543 × 0,0001 = 0,0543   86 × 0,01 = 0,86
0,00001 × 2 = 0,00002   0,01 × 16 500 = 165

5)
```
  4 , 5          9 7             6 , 1 3
×   8      ×  2 , 0 1      × 7 0 0 3
3 6 , 0          9 7            1 8 3 9
             1 9 4 0 0     4 2 9 1 0 0 0
             1 9 4 , 9 7   4 2 9 2 8 , 3 9
```

[6,20813 × 8 000 = 6 208,13 × 8]
```
  3 0 1 2            6 2 0 8 , 1 3
× 0 , 0 1 4        ×         8
  1 2 0 4 8        4 9 6 6 5 , 0 4
  3 0 1 2 0
  4 2 1 , 6 8
```

```
    5 3 2 , 2
×       8 0 3
    1 5 9 6 6
  4 2 5 7 6 0 0
  4 2 7 3 5 6 , 6
```

Multiplier deux nombres décimaux — PAGE 26

1)
- 18,2 × 5,3 = 96,46
- 2,6904 × 12,1 = 32,55384
- 5,9 × 1,256 = 7,4104
- 254,2 × 2,542 = 646,1764

2)
8,12 × 1,55 = 12,5860
0,34 × 68,12 = 23,1608
1,2 × 0,54321 = 0,651852
0,0021 × 6,04 = 0,012684

3)
```
    7 , 3         6 , 2 1
×   5 , 4      ×   3 , 7
    2 9 2        4 3 4 7
  3 6 5 0      1 8 6 3 0
  3 9 , 4 2    2 2 , 9 7 7
```

```
   1 2 , 4          5 , 9
×   6 , 3 1      × 7 1 , 1 5
    1 2 4            2 9 5
  7 4 , 4 0 0        5 9 0
  7 8 , 2 4 4      5 9 0 0
                  4 1 3 , 0 0 0
                  4 1 9 , 7 8 5
```

MINI-CHOUETTE © HATIER

4

```
    5 , 0 3        1 , 4 6         5 4 , 2
  ×   2 , 1      × 3 , 0 2       × 0 , 0 0 6
    5 0 3          2 9 2         0 , 3 2 5 2
  1 0 0 6 0      4 3 8 0 0
  1 0,5 6 3      4,4 0 9 2
```

```
    0 , 0 1 4
  × 1 , 0 1 3
        4 2
      1 4 0
    1 4 0 0 0
  0,0 1 4 1 8 2
```

5

```
      6 , 2 3               8 , 0 4 1
    × 2 , 4 7             ×   1 2 , 2
    4 3 6 1               1 6 0 8 2
  2 4 9 2 0             1 6  0 8 2 0
  1 2 4 6 0 0           8 0 4 1 0 0
  1 5,3 8 8 1           9 8,1 0 0 2
```

```
        6 0 1 , 3             1 , 0 2 5 4
      × 9 5 , 0 0 2         × 0 , 0 9 8 3
      1  2 0 2 6              3 0 7 6 2
    3 0 0 6 5 0 0 0          8 2 0 3 2 0
  5 4 1 1 7 0 0 0 0        9 2 2 8 6 0 0
  5 7 1 2 4,7 0 2 6      0 , 1 0 0 7 9 6 8 2
```

2 **Range chacune des séries de nombres dans l'ordre croissant (du plus petit au plus grand).**

2,5 - 2,9 - 2,4 - 2,6 - 2 → ....

12,3 - 12,39 - 12,37 - 12,31 - 12,35 → ....

9,629 - 9,627 - 9,624 - 9,62 - 9,625 → ....

2,312 - 2,352 - 2,302 - 2,372 - 2,322 → ....

17,321 - 17,351 - 173,21 - 1,7452 - 17,325 → ....

5

3 **Complète par le seul chiffre qui convient.**

15,19 > 15,...9   234,5...4 > 234,59

3,175 > 3,...89   128,25 < 12...,02

6,378 < 6,37...   1...,2 > 18,9

12,5... < 12,51   42,28 < 42,2...

123,56... > 123,568   ...54,12 > 899,67

10

4 **Encadre par des nombres ayant un dixième de différence par rapport au nombre donné (attention au sens des signes de comparaison !).**

.... < 14,5 < .... < 0,8 < ....

.... > 695,2 > .... < 9,1 < ....

.... > 427,9 > ....

5

5 **Complète avec les signes = (égal) ou ≠ (différent).**

0,05 0,5   00,5 0,5

3,00 03,0   333,000 333

60,06 6,6   06,06 6,6

09,90 9,9   80,80 80,8

010,10 1,10   02 020,200 .... 2 020,2

10

Le total de mes bonnes réponses est .... /40

Additionner des décimaux

Je compt
mes bonn
réponses

Observe la règle

Pour **additionner des nombres décimaux** :

```
    2 1 7 , 3 5 0
  +   5 9 , 6 7 9
  +     3 , 0 0 2
  ───────────────
    2 8 0 , 0 3 1
```

- **Pose** l'addition en colonne, la partie entière à gauche, la partie décimale à droite, la virgule les séparant.
- **Aligne** toutes les virgules.
- **Écris** des zéros sur la droite de la partie décimale si nécessaire.
- **Effectue** l'opération sans tenir compte de la virgule.
- **Place** la virgule en l'alignant sur les autres virgules.

1 **Place la virgule au résultat.**

Exemple : 47,252 + 1,53 = 48,782

- 14,8 + 35,6 = 504
- 12 364,524 + 687,09 = 13051614
- 358,64 + 167,001 = 525641
- 168,43 + 94,71 = 26314
- 24,01 + 19,81 = 4382
- 135,257 + 12,9 = 148157

6

2 **Calcule.**

```
    3 5 4 , 3 8
  + 1 1 6 , 4 5
  ─────────────
```

```
    2 0 3 , 1 5
  +   5 6 , 0 9 7
  ───────────────
```

```
      6 9 5 , 0 9
  + 1 4 3 , 6 0 1
  +     8 7 , 8
  ───────────────
```

```
    3 2 4   0 5 1
  +    1 7 , 2
  +     9 , 7 4 9
  ───────────────
```

```
    3 5 6 1 8 , 2
  + 4 5 2 0 0 5 , 4 3 9
  +     9 3 6 7 , 0 0 4
  ─────────────────────
```

```
    2 4 7 0 9 2 3 , 1 4 3 6
  +   8 3 2 1 9 6 , 0 2 1
  + 6 0 0 2 3 4 5 , 8
  +     9 5 4 6 7 , 2 7
  ───────────────────────
```

6

3 **Calcule sans poser les additions.**

9,1 + 0,9 = ...

6,7 + 0,3 = ...

0,8 + 11,2 = ...

3,6 + 0,4 = ...

0,5 + 6,5 = ...

7,3 + 0,4 + 5,3 = ...

......

6

4 **Pose puis effectue les opérations.**

95,95 + 43,2   4 037,51 + 208,104   65,38 + 14 604,2 + 19,195

52,671 + 111 + 18,9 + 637,28   70 324,08 + 451,47 + 8 000 643,9 + 1,763

12 + 0,053 + 456,2 + 92,457 + 43,12

......

6

5 **Relie chaque addition à son résultat (ne pose pas les opérations !).**

10,1 + 12,5 •————————• 22,6

504,91 + 35,01 •   • 47,535

50,02 + 408,02 •   • 39,92

40,135 + 7,4 •   • 475,535

21,11 + 18,81 •   • 458,04

170,130 + 305,405 •   • 539,92

261,8 + 278,02 •   • 539,82

......

6

Le total de mes bonnes réponses est .... **/30**

Additionner entiers et décimaux

Je compte mes bonnes réponses

Force 2

Observe la règle

Pour **additionner des nombres entiers avec des nombres décimaux** : **transforme** le ou les nombres entiers en nombres décimaux en plaçant une virgule à leur droite et en ajoutant autant de zéros que nécessaire après la virgule (aligne ainsi les unités) :

29 + 185,384 + 2 =

29 = 29,000
2 = 2,000

```
    2 9 , 0 0 0
+ 1 8 5 , 3 8 4
+     2 , 0 0 0
  2 1 6 , 3 8 4
```

Cela équivaut à une addition de décimaux.

1 **Calcule.**

```
  1 2 , 5          7          5 , 4 5      9         6 , 8 4
+     7        + 5 3 , 0 2  + 1 2 , 0 2  + 1 3 1 , 3  + 1 0
                                          +   6 5    +   9 , 1 6
```

5

2 **Pose et effectue.**

5 + 9,1   3,7 + 8   12,9 + 129   45 + 23,9   13 + 0,045   5,412 + 130

6,024 + 24   45,23 + 965   6 + 244,657

9

MINI-CHOUETTE © HATIER

3 **Entoure la réponse qui te semble la plus proche du résultat (sans poser les opérations).**

12 + 24,52 + 6,47	→	42	162	37	(43)	2 460
5,5 + 21 + 6,54	→	33	722	800	451	14
45,1 + 5,12 + 0,19	→	1 000	9	90	900	50
70 + 53,46 + 30	→	200	15	5 400	150	540
1 354 + 5,123 + 40,985	→	1 400	50	140	47 000	6 325
587,561 + 1,547 + 10	→	65	150	600	2,57854	589 120

...... 5

4 **Pose et effectue.**

a) 38 + 17,35 + 463,219 + 57   d) 3,4639 + 504 + 28,002 + 66 988

b) 8,751 + 502 638,29 + 14362   e) 153 226 + 1 009 208 + 69,02 + 71 083,9

c) 91 + 85 627 + 1 403 600,956

...... 5

5 **Complète le carré magique.**
Les sommes en lignes, en colonnes,
en diagonales doivent être égales à...

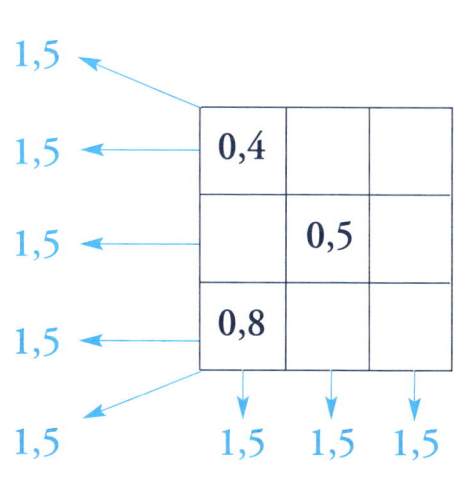

...... 6

Le total de mes bonnes réponses est ...... / 30

Soustraire des décimaux

Je compte
mes bonnes
réponses

Observe la règle

Pour **effectuer une soustraction entre deux nombres décimaux** :

- **Vérifie** qu'elle est possible (le nombre qu'on retire doit être plus petit que le nombre de départ) : **207,41 > 53,302**.

- Comme pour l'addition, **pose la soustraction** en colonnes en t'alignant sur les virgules. Si besoin est, écris des zéros à la droite de la partie décimale.

$$
\begin{array}{r}
2\,0\,7\,,4\,1\,0 \\
-\quad 5\,3\,,3\,0\,2 \\
\hline
1\,5\,4\,,1\,0\,8
\end{array}
$$

- **Effectue** l'opération comme avec les entiers.

- **Place la virgule** dans le résultat en l'alignant sur les deux autres virgules.

---

1 **Place la virgule au résultat.**

Exemple : 5,7 – 3,4 = 2,3

- 9,6 – 4,3 = 53
- 259,38 – 78,64 = 18074
- 297,34 – 189,007 = 108333

- 19,5 – 3,6 = 159
- 195,4 – 6,97 = 18843

......

5

2 **Complète, dans chaque case du tableau, par la lettre P quand la soustraction est possible et par I lorsqu'elle est impossible.**

–	0	2,14	7,21	52,3
1				I
2,09	P			
8,34			P	
52,3		P		

......

12

3 **Calcule.**

$$
\begin{array}{r}
68,5 \\
-\ 14,8 \\
\hline
\end{array}
\qquad
\begin{array}{r}
483,14 \\
-\ \ 97,21 \\
\hline
\end{array}
\qquad
\begin{array}{r}
634,019 \\
-\ 229,143 \\
\hline
\end{array}
\qquad
\begin{array}{r}
941,17 \\
-\ 152,036 \\
\hline
\end{array}
\qquad
\begin{array}{r}
4,604 \\
-\ 1,09 \\
\hline
\end{array}
$$

......
5

4 **Complète les soustractions (pense à la virgule car chaque point remplace un chiffre ou une virgule).**

$$
\begin{array}{r}
1\ ..\ 7\ . \\
-\ \ 9\ ,\ .\ 8 \\
\hline
0\ 5\ ,\ 5\ 7 \\
\end{array}
\qquad
\begin{array}{r}
1\ 4\ 2\ ,\ .\ .\ . \\
-\ \ \ .\ .\ ,\ 7\ 5\ 2 \\
\hline
7\ 7\ .\ 3\ 7\ 1 \\
\end{array}
\qquad
\begin{array}{r}
.\ 3\ 5\ ,\ .\ 5 \\
-\ 1\ 4\ .\ ,\ 5\ 2\ . \\
\hline
6\ .\ 2\ ,\ 7\ .\ 6 \\
\end{array}
$$

......
3

5 **Pose puis effectue les soustractions.**

12,5 – 9,8   324,53 – 167,14   652,8 – 45,46

803,2 – 65,056   400,01 – 195,678

......
5

Le total de mes bonnes réponses est .... /30

Soustraire entiers et décimaux

Force 2

Observe la règle

Pour **soustraire un nombre décimal à un nombre entier** ou **un nombre entier à un nombre décimal**, **il faut transformer** le nombre entier en nombre décimal en écrivant autant de zéros après la virgule qu'il y a de chiffres dans la partie décimale du nombre décimal (on aligne ainsi les unités) :

```
    6 2 5  ⟶    6 2 5 , 0 0  │   4 7 3 , 2 5 1    4 7 3 , 2 5 1
 –  2 5 1 , 1 3  –  2 5 1 , 1 3  │  –    4 9  ⟶  –     4 9 , 0 0 0
```

On est maintenant dans le cas d'une soustraction entre deux nombres décimaux.

❶ Calcule.

```
   1 2 , 5        5 1 3 , 3 4        8 4 2 , 7 3 5        1 3 5 , 0 0 7
 –     5       –     1 5         –     6 5 8         –        8 9
 ...........     ...........      ...............      ...............
```

4

❷ Calcule.

```
   4 3           1 3 8            7 0 2             1 3 0 0
 –     5 , 2 5   –   8 4 , 7 3 2   – 1 2 8 , 0 4 3   –         0 , 1 9 8
 ...........     ...............    ...............    ...............
```

4

3 **Calcule sans poser les soustractions.**

21 − 0,5 = ...   36 − 0,4 = ...

14 − 0,7 = ...   37 − 0,25 = ...

......
4

4 **Pose puis effectue.**

9 − 6,7   25 − 17,15   457 − 149,036   1 301 − 913,002

......
4

5 **Utilise les quatre nombres suivants pour compléter les soustractions.**

326,10   491,46   152,38   857,64

```
  2 5 9 , 8 3          ..................          1 0 2 8 , 5 1          ..................
−   ..............      −  3 6 9 , 7 4      −  ..............      −   2 0 8 , 1 7
  1 0 7 , 4 5          1 2 1 , 7 2          1 7 0 , 8 7          1 1 7 , 9 3
```

......
4

Le total de mes bonnes réponses est .... /20

Multiplier un entier et un décimal

Observe la règle

Pour **multiplier un nombre entier par un nombre décimal** (ou un nombre décimal par un entier) :

- **effectue** la multiplication sans tenir compte de la virgule.
- **compte** le nombre de chiffres à droite de la virgule dans le nombre décimal.
- **place autant de chiffres à droite de la virgule** dans le produit.

$$6{,}78 \times 4 \rightarrow 678 \times 4 = 2\,712 \qquad \text{donc} \qquad 6{,}78 \times 4 = 27{,}12$$

Multiplier un nombre décimal par 10, 100, 1 000... revient à décaler la virgule de 1, 2, 3... « crans » vers la droite (au besoin, je rajoute des zéros à la droite du nombre). $127{,}58 \times \mathbf{10\,000} = 1\,275\,800$

quatre crans $\longrightarrow$

Multiplier un nombre entier par 0,1 ; 0,01 ; 0,001... revient à décaler la virgule de 1, 2, 3... «crans» vers la gauche (au besoin, je rajoute des zéros à la gauche du nombre). $56{,}9 \times \mathbf{0{,}001} = 0{,}0569$

trois crans $\longleftarrow$

❶ Place la virgule dans les résultats des multiplications.

Exemple : $4{,}53 \times 6 = 27{,}18$

- $58{,}365 \times 4 = 233460$
- $28 \times 0{,}014 = 0392$
- $5{,}125 \times 13 = 66625$

- $692 \times 2{,}325 = 1608900$
- $12{,}0004 \times 25 = 3000100$
- $50{,}401 \times 37 = 1864837$

❷ Complète les multiplications suivantes.

$8{,}3 \times 10 =$ ....

$7{,}561 \times 100 =$ ....

$100\,000 \times 12{,}57 =$ ....

$9{,}65 \times 10 =$ ....

$3{,}25 \times 1\,000 =$ ....

$6{,}245 \times 100 =$ ....

❸ Complète par 10, 100, 1 000, 10 000... pour que les produits soient justes.

6,012 × _____ = 601,2   30,5 × _____ = 30 500

_____ × 0,0154 = 15 400   8,9013 × _____ = 8 901,3

_____ × 0,12 = 12 000   _____ × 35,24 = 352,4

......
6

❹ Donne le produit de ces multiplications.

1 254 × 0,1 = _____   6 534 × 0,001 = _____

543 × 0,0001 = _____   86 × 0,01 = _____

0,00001 × 2 = _____   0,01 × 16 500 = _____

......
6

❺ Pose et effectue les multiplications suivantes.

4,5 × 8   97 × 2,01   6,13 × 7 003   3 012 × 0,014

6,20813 × 80 000   532,2 × 803

......
6

Le total de mes bonnes réponses est _____ **/30**

Multiplier deux nombres décimaux

Je compt
mes bonn
réponses

Observe la règle

Pour **multiplier deux nombres décimaux** :
- **Effectue** la multiplication sans tenir compte des virgules.
- **Compte** combien il y a de chiffres en tout après la virgule sur les deux nombres que tu multiplies.
- **Place** la virgule dans le résultat en mettant, à partir de la droite, autant de chiffres après la virgule que ceux trouvés à la 2ᵉ étape.

$$123 \times 92 = 11\,316$$

```
    1 , 2 3   ──────▶  1,23  ──────▶  2 chiffres après la virgule
  ×   9 , 2   ──────▶  9,2   ──────▶  1 chiffre après la virgule
      2 4 6
1 1   0 7 0
1 1 , 3 1 6   ────────────────────▶  3 chiffres après la virgule
```

1 **Place la virgule dans le résultat des multiplications.**

Exemple : 3,2 × 5,16 = 16,512

- 18,2 × 5,3 = 9646
- 2,6904 × 12,1 = 3255384
- 5,9 × 1,256 = 74104
- 254,2 × 2,542 = 6461764

....
4

2 **En te servant des étiquettes, donne le résultat des multiplications.**

812 × 155 = 125 860   34 × 6 812 = 231 608

12 × 54 321 = 651 852   21 × 604 = 12 684

8,12 × 1,55 = ...

0,34 × 68,12 = ...

1,2 × 0,54321 = ...

0,0021 × 6,04 = ...

....
4

❸ **Effectue les multiplications suivantes.**

$$
\begin{array}{r}
7\,,\,3 \\
\times\,5\,,\,4 \\
\hline
\end{array}
\qquad
\begin{array}{r}
6\,,\,2\,1 \\
\times\quad 3\,,\,7 \\
\hline
\end{array}
\qquad
\begin{array}{r}
1\,2\,,\,4 \\
\times\,6\,,\,3\,1 \\
\hline
\end{array}
\qquad
\begin{array}{r}
5\,,\,9 \\
\times\,7\,1\,,\,1\,5 \\
\hline
\end{array}
$$

......

4

❹ **Effectue les multiplications suivantes.**

$$
\begin{array}{r}
5\,,\,0\,3 \\
\times\quad 2\,,\,1 \\
\hline
\end{array}
\qquad
\begin{array}{r}
1\,,\,4\,6 \\
\times\,3\,,\,0\,2 \\
\hline
\end{array}
\qquad
\begin{array}{r}
5\,4\,,\,2 \\
\times\,0\,,\,0\,0\,6 \\
\hline
\end{array}
\qquad
\begin{array}{r}
0\,,\,0\,1\,4 \\
\times\,1\,,\,0\,1\,3 \\
\hline
\end{array}
$$

......

4

❺ **Pose puis effectue les multiplications suivantes.**

$6{,}23 \times 2{,}47$ $8{,}041 \times 12{,}2$ $601{,}3 \times 95{,}002$ $1{,}0254 \times 0{,}0983$

......

4

MINI-CHOUETTE © HATIER

Tableau d'évaluation

Pour chaque notion, tu as compté tes bonnes réponses. Coche la case qui correspond à tes résultats dans le tableau ci-dessous. Tu verras alors si tu as dessous besoin d'approfondir certaines connaissances et si elles sont acquises.

 **Acquis**
Tu as bien compris et tu sais mettre en application tes connaissances.

 **En cours d'acquisition**
Tu es sur le bon chemin mais tu as encore besoin de t'exercer.

 **Non acquis**
Tu n'as pas tout bien compris et tu dois encore travailler.

Notions	Date			
Les fractions : écrire, nommer	....	Plus de 20 ☐	Entre 15 et 20 ☐	Moins de 15 ☐
Les fractions : simplifier	....	Plus de 15 ☐	Entre 10 et 15 ☐	Moins de 10 ☐
Les fractions : comparer	....	Plus de 20 ☐	Entre 15 et 20 ☐	Moins de 15 ☐
Les fractions décimales (1)	....	Plus de 15 ☐	Entre 10 et 15 ☐	Moins de 10 ☐
Les fractions décimales (2)	....	Plus de 30 ☐	Entre 20 et 30 ☐	Moins de 20 ☐
Les nombres décimaux	....	Plus de 30 ☐	Entre 20 et 30 ☐	Moins de 20 ☐
Additionner des décimaux	....	Plus de 20 ☐	Entre 15 et 20 ☐	Moins de 15 ☐
Additionner entiers et décimaux	....	Plus de 20 ☐	Entre 15 et 20 ☐	Moins de 15 ☐
Soustraire des décimaux	....	Plus de 20 ☐	Entre 15 et 20 ☐	Moins de 15 ☐
Soustraire entiers et décimaux	....	Plus de 15 ☐	Entre 10 et 15 ☐	Moins de 10 ☐
Multiplier un entier et un décimal	....	Plus de 20 ☐	Entre 15 et 20 ☐	Moins de 15 ☐
Multiplier deux nombres décimaux	....	Plus de 15 ☐	Entre 10 et 15 ☐	Moins de 10 ☐

Achevé d'imprimer dans les ateliers de Normandie Roto Impression s.a.s. à Lonrai - 61250 (France)
N° d'impression : 1401827 - Dépôt légal : 93890-0 / 06 - mai 2014